JN409399

마음이 머무는 곳에

시와 시조의 만남

이성미 · 송귀영 공저

나의 일상이 사랑스러운 날
영혼의 선율이 파도로 넘실거리고
저 멀리 던져둔 추억이
나의 곁으로 살며시 다가온다.

민중의 밑바닥을 파고든 가락인 듯
마음 안 낮은 곳에 느낌으로 떨리다가
영혼의 상처투성이 감싸주는 잠언이다.

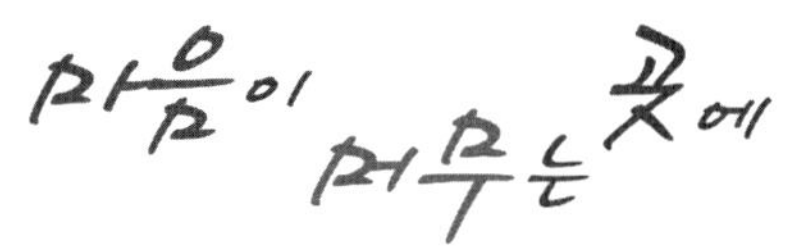

초판 인쇄 2013년 12월 21일
초판 발행 2013년 12월 28일

지은이 이성미 · 송귀영 공저
펴낸이 임수홍
편 집 박미영
디자인 박진선

발행처 도서출판 국보
주 소 서울시 강동구 길동 395-3 2층
전 화 02-476-2757~8, 7260 **FAX** 02-476-2759
카 페 http://cafe.daum.net/lsh19577
E-mail kbmh11@hanmail.net

값 10,000원

ISBN 978-89-93533-67-5

「이 도서의 국립중앙도서관 출판시도서목록(CIP)은 서지정보유통지원시스템 홈페이지(http://seoji.nl.go.kr)와 국가자료공동목록시스템(http://www.nl.go.kr/kolisnet)에서 이용하실 수 있습니다. (CIP제어번호 : CIP2013028411)」

알맞게 숙성시킨 시어와 언어로 촉구한 영혼의 근원

작가에게 있어 서정적 표현성은 욕망과 사랑이며 대부분의 작품에서 전형적으로 탑재한 시적 미학이 스스로의 삶을 통해 체득한 느낌과 감동을 동경의 현실로 승화시켜 시적 감각으로 표현하려는 것이 대체적 흐름이다.

욕망을 품고 사는 인생의 유배처는 외면을 하고 싶은 내면의 만남에서 결핍을 가시화해 공포를 치유할 수 있는 정신적 예방의 치료제가 바로 시 라는 문학의 한 장르라 굳게 믿는다.

시인의 간결하고 단아하게 그려낸 감성적 현실 감각은 우리들 생애에 묻어나는 은혜로움과 보람으로 환치시켜 내실 있게 장착한 열정의 결실이라 생각한다.

이번에 상재한 작품은 애정과 사랑을 갈구하여 삶의 한 부분들을 충족시키려는 애절함이 묻어나 탁월한 아름다움으로 독자들에게 삶의 의미로 투사 시키려 최선의 노력을 해보았다.

사랑과 애정에 언어의 예쁜 옷을 입혀 쌓아둔 환상으로 서정의 외피를 걷어내고 그 속에 숨어있는 핵심의 감성적 알갱이를 조심스럽게 끄집어내려 부단한 심혈을 쏟았다.

사유와 만남의 지평을 넓히고 겸허하게 낮추어서 자연의 그림자와 그 원경까지 끌어들여 미동의 밑바닥을 훑어서 소중함과 존중함을 표현하려고 애써 보기도 했다.

독자들 시야와 안목에 어떻게 비쳐질지 궁금증을 지워버릴 수없는 것이 상제 이후의 솔직한 심정이다.

우리 시인들도 현실을 받아들여야 하는 존재이며 자연 속 현실과 어울려 살아가면서 환상의 세계를 개척할 수밖에 없는 것이다.

욕망을 빗대어 욕망을 품고 사는 존재가 내부에 스며들어 현대인의 각박한 삶속에 정신적 순수한 감정을 느끼도록 유도해 보기도 했다.

월간 문학지나 계간지 그리고 동인지등 문학 단체의 기관지로 발간하는 각종 문학지에서는 여러 시인과 시조 시인들의 공동 수록한 작품을 간혹 접할 수 있긴 하나 이번 시집에서 자유 시인과 정형 시조 시인의 만남은 퍽 이례적인 것으로써 문단에 어떤 반응을 가져올지 위험을 무릅쓰고 한번 시도해 보았으며 문학 활동을 통해 또 하나의 조그마한 표석을 세워 보았다.

모쪼록 자유시와 정형시가 공존할 수 있는 계기로 두 가지 메뉴를 들고 공손하게 머리 숙여 상차림을 해 보았다.

아울러 이 시집이 햇빛을 보기까지 상당한 심혈을 아끼지 않았던 관계자 제위 여러분께 감사를 드린다.

2014년 세초歲初에

이성 미 · 송귀영

서 시 序詩

문학의 자궁 안에서
잉태한 일란성 씨앗이
시공의 태의를 감고 꿈틀대다가
세상 밖으로 얼굴을 뒤 밀었다.

아직은 힘에 겨운 쌍둥이들
고개마저 가누지 못해
에둘러 옹아리 딸 국질 하면서도
제 어미를 제대로 알아나 볼까

어차피 태어난 쌍둥이 신세인 것을
험한 세상 귀여움 받으며
탈 없이 두 녀석 무럭무럭 자라기를

산모는
먼 산마루에 뻐꾸기 되어
안쓰러운 너 네들을
날마다 눈짓 모아 모아서
애타게 불러 보리라.

제1부 홀씨 하나

계절의 길목 · · · · · · · · · · · · · 14
정상에 서서 · · · · · · · · · · · · · 15
삶의 여정 · · · · · · · · · · · · · · 17
삶 · · · · · · · · · · · · · · · · · 18
동행 · · · · · · · · · · · · · · · · 19
다향茶香 · · · · · · · · · · · · · · 20
적막 · · · · · · · · · · · · · · · · 21
밤하늘의 별처럼 · · · · · · · · · · · 22
이해와 용서 · · · · · · · · · · · · · 23
시인詩人 · · · · · · · · · · · · · · 24
詩처럼 살자 · · · · · · · · · · · · · 25
백목련 · · · · · · · · · · · · · · · 26
우리는 · · · · · · · · · · · · · · · 27
홀씨 하나 · · · · · · · · · · · · · · 28
구름 같은 인생 · · · · · · · · · · · · 29
책갈피 속 작은 추억 · · · · · · · · · 30
빗줄기에 그리움 실어 · · · · · · · · 31
들꽃 · · · · · · · · · · · · · · · · 32
넝쿨 장미 · · · · · · · · · · · · · · 34
채혈실 · · · · · · · · · · · · · · · 35
추억의 그림자 · · · · · · · · · · · · 36
눈꽃 이야기 · · · · · · · · · · · · · 37
긴 장마 · · · · · · · · · · · · · · · 38

제2부 마음이 머무는 곳에

가을 향기 · · · · · · · · · · · · · · 42
번뇌하는 가을 · · · · · · · · · · · · 43
가을이어라 (1) · · · · · · · · · · · 44
가을이어라 (2) · · · · · · · · · · · 45
가을 소묘素描 · · · · · · · · · · · · 46
비를 사랑했던 여자 · · · · · · · · · 47
그리움의 봄 · · · · · · · · · · · · · 48
산 능선의 봄 · · · · · · · · · · · · 49
세부 여행길에서 · · · · · · · · · · · 50
마음이 머무는 곳에 · · · · · · · · · 52
어머니 · · · · · · · · · · · · · · · · 54
우리 엄마 · · · · · · · · · · · · · · 55
바람개비 · · · · · · · · · · · · · · · 57
편지 · · · · · · · · · · · · · · · · · 58
추억은 그립다 · · · · · · · · · · · · 59
산사의 인연 · · · · · · · · · · · · · 60
찻집의 추억 · · · · · · · · · · · · · 61
너의 별 · · · · · · · · · · · · · · · 62
종착역 · · · · · · · · · · · · · · · · 63
유월 · · · · · · · · · · · · · · · · · 64
동행의 노래 · · · · · · · · · · · · · 65
이방인의 자화상 · · · · · · · · · · · 66

제3부 그대 달을 보다

작은 행복 · · · · · · · · · · · · · · · 68
그대는 모르 시나요. · · · · · · · · · 69
당신이 있어 외롭지 않다 · · · · · 71
만남의 노래 · · · · · · · · · · · · · · 72
함께 있는 소중함 · · · · · · · · · · 73
사랑은 무제 · · · · · · · · · · · · · · 74
천년의 사랑 · · · · · · · · · · · · · · 75
그대 사랑 · · · · · · · · · · · · · · · 76
사랑은 믿음이다 · · · · · · · · · · · 77
그대 달을 보다 · · · · · · · · · · · · 78
사랑은 허수였나요. · · · · · · · · · 79
꿈같은 사랑 · · · · · · · · · · · · · · 81
시작의 노래 · · · · · · · · · · · · · · 82
사랑의 노래 · · · · · · · · · · · · · · 83
사랑하고도 · · · · · · · · · · · · · · 84
사랑 하나 봐 · · · · · · · · · · · · · 85
우리 사랑 · · · · · · · · · · · · · · · 87
사랑의 징표 · · · · · · · · · · · · · · 88
가을에 사랑을 담으리 · · · · · · · 89
나팔꽃 사랑 · · · · · · · · · · · · · · 90
호박꽃 사랑 · · · · · · · · · · · · · · 91
그리운 얼굴 · · · · · · · · · · · · · · 92

제4부 이 밉상아!

촛불 (2) · · · · · · · · · · · · · · · · 94
비 상 · · · · · · · · · · · · · · · · · 95
불멸의 음계 · · · · · · · · · · · · · · 96
잠언 수행 · · · · · · · · · · · · · · · 97
아침 햇살 · · · · · · · · · · · · · · · 98
매화 · · · · · · · · · · · · · · · · · · 99
아침을 연다. · · · · · · · · · · · · · 100
문학이 흐르는 여울목 · · · · · · · 101
겨울아침 · · · · · · · · · · · · · · · 102
한겨울 선창 · · · · · · · · · · · · · 103
임우霖雨 · · · · · · · · · · · · · · · 104
버린 염전 (1) · · · · · · · · · · · · 105
버린 염전 (2) · · · · · · · · · · · · 106
이 밉상아! · · · · · · · · · · · · · · 107
여의도 벚꽃 질라! (3) · · · · · · · 108
봄의 콧김 · · · · · · · · · · · · · · 109
봄 비개인 날 · · · · · · · · · · · · 110
봄 그리고 봄 · · · · · · · · · · · · 111
궂은 밤비 · · · · · · · · · · · · · · 112
허무 · · · · · · · · · · · · · · · · · 113
시인이 사는 방법 · · · · · · · · · · 114
하늘의 영광 땅의 평화 · · · · · · · 115

제5부 생명의 부활

지팡이 · · · · · · · · · · · · · · · · · 118
여생 · · · · · · · · · · · · · · · · · · 119
상팔자란? · · · · · · · · · · · · · · · 120
누리 꾼 · · · · · · · · · · · · · · · · 121
문안 전화 · · · · · · · · · · · · · · · 122
사미니의 길 · · · · · · · · · · · · · · 123
목숨의 담보 · · · · · · · · · · · · · · 124
어떤 넋두리 · · · · · · · · · · · · · · 125
삭발 봉행 기 · · · · · · · · · · · · · 126
여생을 즐긴다. · · · · · · · · · · · · 127
사미니 율장 · · · · · · · · · · · · · · 128
무연 봉안 묘 · · · · · · · · · · · · · 129
노구 타령 · · · · · · · · · · · · · · · 130
생명의 부활 · · · · · · · · · · · · · · 131
삼림욕장에서 · · · · · · · · · · · · · 132
권태기 · · · · · · · · · · · · · · · · 133
망향 · · · · · · · · · · · · · · · · · 134
약사제일藥師齊日 · · · · · · · · · · · 135
대가 치르다. · · · · · · · · · · · · · 136
동창생 · · · · · · · · · · · · · · · · 137
사릉思陵 부루스 · · · · · · · · · · · · 138
어버이 날 · · · · · · · · · · · · · · · 139
아! 사부님 · · · · · · · · · · · · · · 140

제6부 방파제

이상한 판 · · · · · · · · · · · · · · · 142
방파제 · · · · · · · · · · · · · · · · · 143
시조집 감상기 · · · · · · · · · · · · 145
소망 · · · · · · · · · · · · · · · · · · 146
평택 항에서 · · · · · · · · · · · · · 147
인내심 · · · · · · · · · · · · · · · · 148
승강기 안의 낙서 · · · · · · · · · · 149
정글의 법칙 · · · · · · · · · · · · · 150
쟁취 · · · · · · · · · · · · · · · · · · 151
빈 둥지 · · · · · · · · · · · · · · · · 152
찬 모 · · · · · · · · · · · · · · · · · 153
노래방에서 · · · · · · · · · · · · · · 154
K T X · · · · · · · · · · · · · · · · 155
굴렁쇠 · · · · · · · · · · · · · · · · 156
과수원에서 · · · · · · · · · · · · · · 157
첫사랑 · · · · · · · · · · · · · · · · 158
야생화 · · · · · · · · · · · · · · · · 159
嘉軒 堂에게 · · · · · · · · · · · · · 160
중대물빛 공원 · · · · · · · · · · · · 161
사진첩 · · · · · · · · · · · · · · · · 162
착시현상 · · · · · · · · · · · · · · · 163

작품 해설
발흥의 세심한 필치로 핵심을 찌른 서정적 미학

제1부

홀씨 하나

바람에 실려
날아온 홀씨 하나

내 마음 허락도 없이
하얀 그리움 자아내고

형체 없이 다가온 하얀 그리움
핑크빛으로 피어난다.

계절의 길목

꽃피우고 잎 틔우는
식물들의 삶

병풍처럼 둘러친
수락산 기슭
오늘도 푸릇푸릇 가지마다
녹색 잎들이 햇살에 반짝인다.

능선에서 불어오는 바람
노란 송홧가루 날리며
하얀 아카시아 향기
코끝으로 스치듯 젖어드네

사방을 둘러봐도
눈으로 귀에 들리는 모든 것
자연은 욕심도 어리석음도
모두 내려놓으라 하네.

실록의 오월
절경에 빠지고 행복에 빠지네.

정상에 서서

영봉이
겹겹이 쌓인
준령을 거느리고

운해의 강 건너
바다로 달린다.

야생화 군락지에
아침 안개가
중턱을 감았고

영혼을 훔치고 있는
산등성이에
매무새가 아련하다

망원望遠에 눈을 비벼도
실감이 실종된
이 장관!

객정에
잠시 머물러서
잡목으로 서고 싶어라.

삶의 여정

잿빛 하늘에
동그랗게
그대가 있습니다.

사랑이란 아픔을
하늘에 묻어 두고
느낌마저 남겨둔 채

임의 그림자는 바람처럼
날아가 버렸습니다.

꿈같은 그리움이
가슴을 모질게 두드립니다.

잃어버린 그 길을 따라
혼자만의
긴 여정을 펼쳐보려 합니다.

삶

자연의 법칙에 따라
변함없이 흐르는 강물처럼
가파른 삶의 여정이 덧없다

새털구름 머무는 언덕길
생각하기에 따라
질을 높이고 양은 낮추는
비워야만 하는 삶

황혼의 길은 달음박질치듯
잘도 달려가는데
바람 불어 떨어진 낙엽마저
세월의 흔적은 묵언을 남기고

밝은 빛이 있지만
어둠이 없었다면
빛의 소중함을 몰랐을 것처럼
삶이란 또 하나의 보물이다.

동행

누가 그랬던가.
부잣집 가면 쌀 담고
가난한 집 가면 여물 담는
여자 팔자 뒤웅박 팔자라고

한 세상 살다보면
같이 걷는 엽지기에 따라
행과 불행이 왔다 갔다 하지

기왕에 맺은 인연 바꿀 수 없다면
있는 대로 생긴 대로 바라보고
내 작은 정성을 다해 함께 가야지

누가 그랬던가.
부자는 많이 가진 사람이 아니라
가진 것에 만족하는 사람이라고

세상은 공평하지 않지만
하얀 안개꽃 삶에 무지개 꿈꾸며
사랑이란 이름 새겨
오늘도 그대와 같이 걷고 싶다.

다향茶香

차 한 줌
집어넣고
깊은 향 우려내어

잔 가득
향기 담아
따스한 행복에
가슴 설레네.

그대의 향기
마음 띄워놓고
온갖 세상 시름이
저만치 날아가네.

적막

별을 품은 듯
달을 품은 듯
토해내고 싶은
사색의 밤

영롱한 불빛 따라
들려오는 바스락 소리

그대 외로운가.
깊고 깊은 이 밤이

손끝 사이로 느껴지는
사랑하는 그 마음.

밤하늘의 별처럼

살아가면서 외롭지 않기 위해
수많은 인간관계를 맺고 삽니다.

정한 틀에 맞추기 위해
실타래처럼 얽혀 가며 자신을 잊고
살아가고 있습니다.

때론 후회와 부족함으로
버물려 가는 시간 속
또 다른 나를 발견하기도 하지요

봄비가 촉촉이 내리던 밤
먼지 쌓인 두꺼운 앨범
빛바랜 사진 한 장이
멀어져 나간 추억 속으로
빠져들게 합니다.

살아오느라 잊었던
자신을 찾을 수 있는 건
외로움 이었습니다.

이해와 용서

길섶 풀꽃 한 송이도
맑은 햇살 한 조각이 필요하듯

사랑은 시작하면 어렵고
멀리하면 외롭고 쓸쓸하다

미치도록 그립기도 하고
때론 바보처럼
멍청하기도 하지만
사랑은 행복을 안겨주는
마술사가 되기도 한다.

끝없이 광활한 사막처럼
이해와 용서 배려와 사랑이
성숙한 사랑을 이룰 수 있다.

시인詩人

아스라하게 들려오는
금속성
실로폰의 소리처럼
대롱대롱 걸려 있는 지평선

누군가 내다 버린
단어들을 줍고

누군가가 찢어발긴
시간을 쓸어 담아
아름답게 덧칠을 해본다.

돌아오지 않은 시간
곱게 다듬어 놓은 단어를
꺾이지 않은 생명으로
씌워주고 싶다.

詩처럼 살자

산다는 것이
별거든가
살아 있다는 것이
좋은 거지

한 줄의 시구처럼
세상은 참 미묘하고
재미나는 천태만상
지나고 나면
아무것도 아닌데

삶의
즐거움도
아픔의
고통도
詩와 같은 삶으로
오늘을 詩처럼 살자.

백목련

뽀얀 살갗 드러내고
빛바랜 뜨락 잔디밭에
너의 숨결 고른다.

촉촉한 입술
수줍은 연인처럼
한 걸음 내게 다가와
입맞춤 하자며
살며시 눈 감겠지

청아한 봄 햇살에
아지랑이처럼
사푼히 내려앉아
노곤하게 잠이 든다.

우리는

가슴 저편
그리움의 빛

애틋한 정하나
모든 것 소유할 수 있는
그 자신감

미소 띠워지는
사연 가득

피어나는
영원한 그리움.

홀씨 하나

바람에 실려
날아온 홀씨 하나

내 마음 허락도 없이
하얀 그리움 자아내고

시간이 비켜간
인연의 비탈에
소담스레 자라나

맞이할 준비도
떠나는 연습도
미처 하지 못했는데

형체 없이 다가온
하얀 그리움
핑크빛으로 피어난다.

구름 같은 인생

바람처럼
흘러가는 것이
인생이고 삶이더라.

구름처럼 떠돌다
흔적 없이 흩어지고
바람처럼 스치는 게
인생이고 삶인 것을

영원을 기약할 것처럼
지나고 보면 모든 것이
덧없고 허망한 것뿐인데

가슴에 남는 건
무지개 같은 꿈이었고
들꽃 같은 추억뿐이라네.

책갈피 속 작은 추억

책갈피 속 작은 추억
이젠 간직할 필요 없는
너의 사진 한 장

가슴 뭉클한 내 감정
씁쓸한 웃음으로 달랜다.

이름 석 자조차 이제
어렴풋하게 잊혀가는

언제인가는 내 망각 속에
묻힐 그대인데

얼마나 가슴 아픈지
그대는 모를 것이다.

오늘처럼 꽃 비 오는 날
내 마음 우울할 거라면
차라리 보지나 말 것을…

빗줄기에 그리움 실어

어둠이 내리는 밤하늘
쏟아지는 빗줄기에
그리움 실어
당신에게 보내드리며

저 비보다 더 많은
그리움
당신은 알고 계시나요.

내 속에 또 다른 사람이
바로 당신인 걸
이제야 알았습니다.

가슴이 메도록 그리운
사람보고 싶은 마음 눈물겨워
빗줄기에 그리움 실어
당신께 보내드립니다.

들꽃

산모롱이 오솔길에
호젓이 피어나
아침마다 날 반겨주던 이름 모를 꽃

간밤에 불던 돌개바람
쏟아지던 소낙비에
반쯤 몸을 흙속에 뉘고
가쁜 한숨 몰아쉬고 있구나.

너의 비명소리에
나도 잠 못 들고
오한과 신열에 시달렸단다.

몸이 아프니 밀려드는
가슴 아픈 서러움
한토에 날 밤샌 너만이야 하랴만

부서지는 햇살에
다시 천진난만한 얼굴로 돌아와
반갑게 날 맞아주는 너

가슴 울리는 연둣빛 사랑
세찬 비바람을 견딘 인내는
오롯이 나에게 가르쳐준 스승이다.

넝쿨 장미

영혼의 향기 짖게 깔린
여명의 시간

하염없이 내리는 안개비
창가에 구르는 빗방울이
헝클진 얼굴 감추려
커튼 뒤에 숨었네.

흔들려 뒤척이며
하얗게 하얗게 지새운 밤

겹겹이 쟁여서 쌓아둔
그리움이
풀잎에 스며들다가
새벽이슬에 곱게 단장하고
임 기다려 보자꾸나.

채혈실

공복에 찡그린 얼굴
소매를 걷으며 간호사에게
팔뚝을 맡긴다.

살 속 깊이 박힌
주사침은
혈관을 찾아 헤매다
어이없이
피를 빨아 먹고야 만다.

흡반吸盤에 물린
자국처럼
먹다 남은 설거지는
소독된
탈지면의 소관이다.

채혈의 따끔한
후유증이야
한조각 건강을
일수 찍어주는
사치스런 통증이다.

추억의 그림자

가을이 온다기에
옛 가을을 잊었습니다.

지난해 버려둔
그림자 같은 그리움이
다시 피어날까
두렵기 마저 합니다.

하늘만큼이나 멀리 있는
그대의 먼 먼 사랑이
문밖을 서성일 때
추억마저 지우기로 했습니다.

눈꽃 이야기

창밖 함박눈 펑펑 내릴 때
눈 속에 파묻혀 함께 뒹굴든
추억의 친구들이 그리워진다.

휘영한 달빛 아래
뒹굴다 지쳐버린
숨 가쁜 가슴 시린 이야기

눈꽃에 그려지는 사랑이야기도
긴 겨울은 행복하기만 하였는데

두 손 마주 감싸 쥐고
두 볼 맞대고 언약했던
지워지지 않은 이야기들

소리 없이 사뿐히 내려앉는 마음
눈길 속에 파묻히고 싶습니다.

긴 장마

수몰로 훑어간 터전에
산사태로 도로마저 소실되고
농작물이 물속에 잠기며
전기와 통신이 두절되어
생계가 송두리째 풍비박산 났다.

삶의 안식처가
수공으로 받친 터전
흔적 없이 사라지고
수재민들의 처참한
아픔이 가슴을 울리고 있다.

인간의 오만함을 깨닫게 하려는지
핵폭탄보다 더 큰 위력을 발휘하는
재앙은 인간의 한계를 느끼게 한다.

좋은 것도 넘치면 해가 된다는 것
행복도 넘치면 조마조마하고
불안을 잉태하게 하는데

할퀴고 헐뜯긴 상흔
장마가 주는 메시지는 무엇일까?

현실에 안주하지 말고
언제나 미래를 내다보는
유비무한의 경고가 아닌지.

제2부

마음이 머무는 곳에

나의 일상이 사랑스러운 날
영혼의 선율이 파도로 넘실거리고
저 멀리 던져둔 추억이
나의 곁으로 살며시 다가온다.

아스라이 떠오르는 산골마을
아카시아 찔레꽃향기 불어오던
오월에 소쩍새는 저물어 가는
산 어귀를 풍요롭게 한다.

가을 향기

한 줌 햇살을 쓸어 담아
코스모스 들녘에
허다하게 쏟아 부었습니다.

지난해 묻어둔 영혼의 그림자
산자락으로 바람 따라 구름 따라
가을 동산에 찾아 들었습니다.

억새 사이로 잿빛 갈대밭으로
향기 품으며 그리움 찾아
가을이 묻어 왔습니다.

뜨겁던 햇살이 쉼 없이 퍼붓던 여름
가을은 오지 않을 것만 같았는데
설렘으로 스며들었습니다.

빨강 노랑 행복 주머니 가득 채운
그대의 사랑처럼 가을은 가슴으로
소리 없이 찾아 들었습니다.

번뇌하는 가을

노을이 걸터앉은 산모롱
이하얀 억새 그리움 가득 메웠다.

갈바람 불어 풀어헤친 갈대밭에도
향기 뽐내듯 춤사위에 젖어든다.

강 건너 들녘에도
가을 산 골 깊은 계곡에도
준비되지 않은 마음은 바쁘다.

비우고 채우기를 반복했던 삶
후회하고 번뇌하는 쇠퇴한 인생

힘겨운 절규에 소리 내어 보지만

물음표 가득 품은 가슴
돌부리에 채일 뿐이다.

가을이어라 (1)

회색빛 하늘 중간
노을빛 그리움은
갈대 같은 춤사위

묻어둔 한조각의
물들은 입새
틈을 비벼
가슴속에 새겨 넣고

휘감는 바람결에
깊어 가는 가을이어라.

가을이어라 (2)

높은 하늘 드높이
우주가 기지개를 켜면

허허로운 가을을 이끌고
가랑잎 눕히는
소리가 들려온다.

천 년이 넘도록 미동도 없었던
동구 초입 노거수老居樹를
알현하던 한나절

누릇누릇 색동 깃에
매달리는 끝물 더위도
훌훌 털어 버리고

한 계절 점이漸移지대에 서서
낙엽을 죄다 쓸어 모아
사랑의 불을 지펴 볼거나.

가을 소묘素描

솜털 구름 타고
산들바람에 실려 왔나

만발한 코스모스
가슴 설레게 하고

고추잠자리
작별하자며
빈 하늘만 빙빙 도네

다가오는 것에
손잡아주며

스스로 사라지는 것에
눈 한번 감아주자.

비를 사랑했던 여자

흑백 영화처럼 잊혔던
빛바랜 추억의 안개비가
풀잎위에 살포시 내리고 있다

비를 사랑했던 여자
저린 가슴 쓸어내리며

영원하기를 바랐던 눈가에
영롱한 이슬방울이 맺히었다.

알알이 박힌 목마른 그리움
안개비에 잔잔하니 젖어든다.

그리움의 봄

봄이 시작되었을 때
난 햇살이 되었고
그대는 바람이 되었지

사랑이란 이름을
하늘에 걸어두고 맹세한 채
가장 아끼고 싶은 말

그대는 알고 있느냐고
물어보고 싶습니다.
그것이 행복이란 걸

낙엽에 묻히듯 살아가다
언제 다시 피어날지
두렵기만 하답니다.

그리움이 쌓여
그림자조차 보이지 않을 때
그리운 마음 안타까워
쓸어내고 쓸어내며
슬픔에 묻혀 가겠지요.

산 능선의 봄

꽃잎이 지고 난 자리마다
파릇한 입새들
앞 다투듯 돋아나고

꽃 피우고 잎 틔우는 잡초의 삶
간혹 힘겨우면 포기라도 하지만
자연은 포기라는 걸 모른다.

병풍처럼 둘러쳐진 능선에도
봄의 기운으로 나뭇가지마다
움트기 시작한 새순들
봄 햇살에 연록 빛 반짝인다.

부끄러운 진달래 수줍게 서성이고
산 벚꽃 아름다움을 뽐내는 한나절

지난해 말라 남은 낙엽도
바스락 몸 부딪치며 소리 내고 있다

산모퉁이 감돌던 결 고운 바람
연록의 절경에 무르익은 봄
하늘과 땅 자연에 순응한다.

세부 여행길에서

까만 눈동자가 반짝이던 아이
한마디 말조차도 건네 보지 못하고
눈망울만 바라봐야 했던
이방인이 어떻게 비쳤을까

맨발에 헝클어진 머리
작은 얼굴에는 배고픔이 가득한데
아무것도 해줄 수 없었던 자신이
안타깝기만 하였다.

누가
아이들을 거리로 내몰았을까
허기에 지친 모습에
내 가슴이 메여 진다.

마젤란 성당의 성스러움도 잠시
걷고 있던 나의 팔을 툭툭 건드리며
자기 배를 가리키며 엄마라고 부른다.

응석받이로 자라야 할 나이에
숙명의 인고에 타협하는
불쌍한 아이들이지만
얼굴만큼은 티 없이 맑다.

열대의 환상적인 섬나라 필리핀
순수한 아이들의 눈망울이
가슴 아프게 젖어온다.

마음이 머무는 곳에

향긋한 꽃향기로 묻어나는
창밖 햇살이
하얀 공백으로 눈부시다

아름다운 시詩를 읊으며
음악 소리 은은하게 들리는
나만의 뜨락에서 달콤한 낮잠과 함께
풍요로운 휴식을 즐긴다.

나의 일상이 사랑스러운 날
영혼의 선율이 파도로 넘실거리고
저 멀리 던져둔 추억이
나의 곁으로 살며시 다가온다.

아스라이 떠오르는 산골 마을
아카시아 찔레꽃향기 불어오던
오월에 소쩍새는 저물어 가는
산 어귀를 풍요롭게 한다.

마음 밭에 뿌려둔 고향의 향기가
메말라가는 중년의 삶에
그림자로 맴돌고 있다.

어머니

당신의 마음 한자락 배경으로
넓은 하늘을 보았습니다.

언제나 외로움 속을
정처 없이 걷고 있을 때
당신은 말없이 손잡아 주셨습니다.

따스하게 전해주던
잔정의 기억들이 내 마음에
바다를 만들어 주시곤 했지요

잔잔한 파문으로
숨을 쉬듯 밀려드는 그리움
잊히지 않은
당신의 미소가 서려옵니다.

우리 엄마

아무리 불러보아도 소용없는
이름이지만
부르다가 화석이 될
그리운 우리 엄마

여자로 같은 길을 걸어가는
운명적인 인연
딸과 엄마로의 삶을 살았던
당신과 나의 만남이지요.

당신의 몸을 빌려 잉태한 순간부터
이 세상에 온 것을
감사해야 할 당신인데
언제나 불평불만으로
당연한 것처럼 받기만 했던
못난 딸 이었습니다.

힘들고 서러울 때면
늘 생각나는 우리 엄마
당신을 생각하면 눈물이
샘솟듯 흐릅니다.

다음 생에는 제가 엄마 되어
당신을 사랑 하겠습니다.

엄마 보고 싶어 가슴이 아립니다.

바람개비

목적 없이 기차를 타고 가다가
짙어오는 해변을 거닐고 싶다

어우러지는 하늘과 바다
끊임없이 부딪치며 철석 대는
파도소리와 갈매기 울음소리

소매 끝 사이 불어오는
해풍의 비릿한 비린내
코끝을 자극한다.

바람개비처럼 돌아가는
정신없는 세월

공중에 맴도는 외톨이로
앞 다투어 살아가는
구름떼는 되지 말자
추억의 그날을 어루만져 보면서

편지

전해줘도 좋을까
가슴에 담은 편지

귓속말로 전할까
그러나 그대는
훌쩍 떠나가 버렸다.

전해줘도 좋을까
마음 깊이 간직한 사연

이 가슴에 우표를 붙였는데
그대는 아주 멀리
떠나가 버렸다.

추억은 그립다

두고 온 미련 때문으로
애써 잊으려 뒤 돌아보지 말고

홀로 남겨진 외로움에
슬퍼하지도 서러워하지도 말자
이별이란 혼자만의 것은 아니다.

지나간 추억에 몸부림치거나
목 놓아 운다고 그 무엇이
달라지거나 위로가 되지 않는다.

돌아오는 계절에는
사랑했었노라 행복했었노라
미소 지을 수 있었으면 그만인 것을.

산사의 인연

번뇌와 집착으로
속세에 찌든 영혼
고요만이
흐르는 봉선사 도량

정적 깬 구슬픈 목탁소리
산사의 바람도 잠재우네.

중생의 무지한 마음
부처님께 고합니다.

법문으로 깨달게 하시고
자비로 채워주시며

불가의 인연
부처님 전 삼배 드려
가슴에 담고 담아

깨달음으로 비우게 하시고
자신을 낮추고 배려하는
불자 되게 하소서.

찻집의 추억

화려한 조명 속에
어지러운 세상
눈 감아 버리면 그만인데

사색에 잠겨보고
새록새록 떠오르는
찻잔에 담긴 아프고 즐겁던 기억

움츠리고 경계하는
모퉁이가 너무 길고 많다.

후회하고 아쉬워하는
공간이 많은 삶

떨어지는 낙엽도
바람에 휘날리는 버려진 쓰레기처럼
찻집의 추억이 쌓인다.

너의 별

별을 보았어.
아무도 보이지 않은

외진 곳에서
희미한 별들을

내 마음속
조각해 놓은
별들과
어쩜 닮았을까

오늘 밤
너의 별을 볼래?
별 그림자가 되었기에

종착역

자욱한 안개길
터덜터덜

백색선
눈앞이 자욱해
황색 선 압박
막다른 길
돌아서 보지만

백설 내린
세월
욕망과 상처뿐

추억의
고독한 산책
할퀴고 간
빈 둥지

유월

헹구어낸 햇살처럼 하늘도
처음인 양 빛난다.

가보지 않은 시간
희망과 기대로 유월을
맞이해 본다.

녹음 짙은 가지에는
매미가 여름을 노래하고

빨간 넝쿨 장미
바람에 실려 온 찔레꽃 향기
짙어만 가겠지
이름 모를 들꽃이 만발하여라.

동행의 노래

한 사고 뜻 모아서
모자람을 가득 채우고

둘인들 하나 되면
정해진 보폭인걸

너와 내가 가는 길목부터
에둘러 비질을 하고

품 열어 맞이하는
조화로운 공간에서
화명花明으로 키운 천상에
오늘 하루 둘러간들
안으로 감춘 청춘에도
발길조차 느긋해라.

이방인의 자화상

변두리 도시가 꿈틀대는
마이너의 삶은
연민과 공감을 보내고 싶은
루저의 인생이 곰삭다가
빨갛게 녹이 슬고 있는 시간

질척한 도시의 하부가
서러움으로 뒷골목에 깔린다.

늘 찌푸린 얼굴 얼굴들…

자본의 파문이 퍼지는 거리마다
뒤돌아서서 피식 웃는 웃음 뒤에
도시의 삶과 죽음의 신비는
영원히 알 수 없는 영역인가

육신은 여기 있는데
영혼이 함께 따라오지 못한
이방인은 우리의 자화상이다.

제3부

그대 달을 보다

눈 감아 꼭 쥔 손목에
설레다 엉키어서
손톱을 후벼 파며
행여 오실 마중 길을 서성이다
맨발로 두 손 받잡아
별빛 뿌려 문을 열어 봅니다

마디숨 마다 얼비치는
하현달 질 때까지
아직은 덤으로 남은 체취
오래 두고 맡고 싶어
시공時空을 끌어당겨서
그대달만 보라 하십니다.

작은 행복

하늘 가득 메웠던
작은 그리움
소중했던 순간이 아니었을까

나눌 수 있는 마음
감동이 살아 있는 행복
많은 것을 잃은 자만이
알 수 있는 사소한 일들이다

나를 사랑하는 법도
모래 위에 성을 쌓는다는 것도
위험하다는 것을 이제야 알았다

인생은 머뭇거릴 시간이 없건만
상처를 감싸주고
아픔을 위로할 줄 아는 인생
살아 있음에 감사하고

사랑할 수 있음에 감사하여
가끔은 흔들려가며
행복해 지고 싶다.

그대는 모르 시나요.

밤하늘에 반짝이는 별들이
모두 똑같아 보이지만
표면온도에 따라 빨강 파랑 노랑
개성 있는 색깔을 낸다는 걸
그대는 모르시나요.

긴 밤 하얗게 지새우면서도
마냥 투정하고 앙탈 부릴 뿐
먼저 다가가지 못하는 건
서투른 제 사랑의 표현임을
진정 그대는 모르시나요.

겨우내 앙상한 나뭇가지가
눈보라 속에 묻혀 살아도
불평 한마디 없이 견디는 건
봄이 온다는 믿음 때문이란 걸
그대는 모르시나요.

별이 지면 그리워 서럽고
눈이 오면 외로움에 눈물지면서도
긴긴 세월 한마음으로 바라보는 건
훌쩍 떠날 사람 아니란 믿음 때문이란 걸
진정 그대는 모르시나요.

당신이 있어 외롭지 않다

잊고 잊히는
사람들의 틈에 끼어서도
조금도 외롭지 않은 것은
당신을 사랑하고 있음이다.

만나고 헤어지는
사람들의 틈에 끼어서도
조금도 서럽지 않은 것은
당신을 만날 수 있음이다.

떠나고 돌아오는
사람들의 틈에 끼어서도
조금도 허무하지 않은 것은
당신에게 머무를 수 있음이다.

울고 울리는
사람들의 틈에 끼어서도
조금도 아프지 않은 것은
웃음을 줄 수 있는 당신이 있음이다.

만남의 노래

메마른 마음 밭에
그대 다가와

고랑 짓고 씨앗 뿌려
가부좌 틀었네.

잠겼던 빗장 풀어
운명의 연이 되어

아집의 껍질 벗겨
포근한 속살 채워 보네

함께 있는 소중함

눈가에 티 없는 미소 때문에
남겨준 행복 감추고

한 조각
소중한 꿈 얹어
엷은 햇살 줍습니다.

그대 손짓
닿을 것만 같아
남은 시간을 붙들고서

창백한 민얼굴에도
견딜 수 있습니다.

허명과 실명의 경계를 지우며
여기에 있는 숨은 행복

당신의 체취體臭가
소중할 뿐입니다.

사랑은 무제

휘감고 있는 그리움
쌓이고 쌓여가는 옛 기억들이
낙엽처럼 하나둘 모여져 간다.

짧은 행복만을 간직한 채로
삶 속에 묻혀 투정도 원망도
아련해지지만

한적한 거리에서
잔잔한 그리움 한 조각
주워보고 미소 띠우는
괜찮은 여자가 되고 싶다.

천년의 사랑

영혼을 다해 사랑하며
목숨의 줄이 끊어지는 순간까지
내 가슴에 오롯이
담아가고 싶은 사람이 있습니다.

어느 절간 빛바랜 처마 밑에
천 년에 한 번 피어나
순결한 자태 드러낸 우담바라처럼
내 사랑도 그러하길

머 언 먼 훗날
그대 사랑이 식는다 하여도
후회하지 않을 그때의 사랑

그대 사랑

때 묻지 않은 그대의
순수함이 참 좋았습니다.

아무렇지도 않은 듯
미소 짓는 그대를 보면
참으로 행복합니다.

마음에는 음악이 흐르고
가슴으로 언어가 살아 있는
우린 넉넉한 남음입니다.

조금은 부족하지만
욕심 없는 삶

한 송이 들꽃으로
그대 눈빛에 담기고 싶습니다.
천 년 세월
당신만을 기억 하겠습니다.

사랑은 믿음이다

사랑한다는 말을 들으면
가슴 벅차오르는 것을 느낍니다.

사랑이라는 마음을 주는 것은
서로의 마음과 아픔까지도
껴안을 수 있는 가슴이 필요하지요.

섬세한 관심과 순수한 믿음
바랄 것 없는 만족감
열정과 성숙이 느낄 때 찾아옵니다.

행복은 굴러 오는 것이 아니라
정원을 가꾸듯 씨를 뿌리고
돌보아야 꽃을 피울 수 있습니다.

우리 곁에 없어서는 안 될 사랑
소금 같은 존재인 것 같습니다.

그대 달을 보다

깊은 밤 그대 향한
내 짐짓 그리움이 있어
옷섶을 매무시며
하늘 깃이 활짝 펼쳐지는
그 혜안慧眼의 보름달 되어
중천에 둥실 떴습니다.

눈 감아 꼭 쥔 손목에
설레다 엉키어서
손톱을 후벼 파며 행여 오실
마중 길을 서성이다
맨발로 두 손 받잡아
별빛 뿌려 문을 열어봅니다.

마디숨마다 얼비치는
하현달 질 때까지
아직은 덤으로 남은 체취
오래 두고 맡고 싶어
시공時空을 끌어당겨서
그대달만 보라 하십니다.

사랑은 허수였나요.

목련처럼 하얀 그리움
보고 싶고 또 보고 싶은
사랑이란 알갱이의 함수
낙화되어 이별이라 짓습니다.

화려한 조명 흔들어 소리치며
절망했던 사랑

돌아서 후회 하고 아쉬워하는
그리운 게 사랑이었습니다.

추억 속에 그리운 얼굴
홀로 앉아 조곤조곤 살아온
지난날의 아픔을
진한 커피 향기로 마주합니다.

언제쯤이면 오랜 연화처럼
지워버릴 수 있을는지
감출수록 그리움의 사랑

사랑은 덧셈도 뺄셈도 아닌
수학 공식의 허수였나 봅니다.

꿈같은 사랑

동화 같은 사랑을 꿈꾼다.
하나의 인연이 허락하는
신화 같은 그런 사랑을

긴 시간의 윤회 속에서
어떠한 생의 삶이더라도
운명처럼 사랑하기를 원한다.

한 포기 잡초로 태어나
산등성 벼랑 끝에 살지라도
꿈같은 사랑을 꿈꾸고 싶다.

한줌의 모래알에 섞여
생의 한곳에서
보석 같은 삶을 살고 싶다.

시작의 노래

값싼 감정일랑
저만치 밀쳐내어
네 영혼을 눕히고서
헐값에 낚아챈 순정
기분파는 아니었다.

허구하게 꺾인 세월을
흐르듯 흘린 뒤라도
따스한 손길 내밀거든
냉큼 다가서거라.

내숭 떨던 두 눈길이
그냥 마주칠 때
연둣빛 웃음 속에는
무슨 뜻이 담겼을까
너의 볼 익는 모습 속에
그 뜻이 녹아있네.

사랑의 노래

울려 떨린 사슴의 노래가
두 귀 쫑긋 세워 그림자를 밟고
큐피드 화살처럼
심장에 명중하여

고독에 그토록 저리고도
한 줄기의 빛이 되어
어둠의 안창 문을 밝혀주네.

여리다고 누가 손짓하나
흐드러진 속정이야
야생화로 가꾸는 것을…

사랑하고도

덧없는 인생길
천 년을 돌아서

스쳐온 인연이
하필이면 왜
당신이었습니까?

흐르는 삶 속에
내가 마주한 사람이
왜 당신 이였을 까요?

가슴 한편 사무치는
현실의 삶이었다면

당신을 사랑하고도
고독해지는 것은
깊어가는 가을 탓인가요?

사랑 하나 봐

많이 사랑하나 봐
너만 생각하면 햇살처럼
따스하기도 하고
입맞춤 하듯 달기도하다.

찬바람에 시린 손 비비는
추운 겨울이지만 널 생각하면
빨간 단풍처럼 화사하니
참으로 신기하기만 해
머릿속에는 온통 너의 생각
그립고 보고 싶은 마음인데

콩닥거리는 가슴
심장 가득 담은 너의 사랑
터질 것 같아
사랑하는 너의 곁으로
달려가고 싶다

하늘에 수많은 별
발견 할 수 없어 찾지 못하고
오랫동안 잊고 살았던 별이
너란 걸 이제야 알았네.

내 가슴에 묻어 두고
나만 보려 해 잊어버릴까 봐
손에 닿지 않지만 그 느낌으로
잡히지 않아도 알 수가 있어
사랑하는 마음이기에

우리 사랑

하늘을 보면
눈물이 난다.

널 보면 더욱
눈물이 난다.

우린 눈물 속에 피어난
패랭이꽃일까 안개꽃일까

비가 오는 날은
눈물이 난다

비가 오는 날은
눈물이 왜 핑 도는지
우리 사랑이 빗물에
얼룩이 질까 봐

사랑의 징표

혼수昏睡에 취한 간밤 운해雲海를 덮고 가던
발자국 뒤따라 외로움을 재고 있던
지금 보고 싶은 궁상窮狀
누구 향한 옹알인가.

외짝가슴 문질러서 묻어둔 지난 세월
사랑이 목말라도 한 줌 짚불 못 지피고
뒤늦게 피 토한 생명 이 시간을 쓰담 는다.

마지막 발버둥
저 달에 의지하며
절절히 포갠 정
천공 속에 띄워 놓고

이승의
한 모퉁이에
사랑징표 찍어본다.

가을에 사랑을 담으리

마지막 잎 새가
떨어질 때까지는 추색을
허투루 맞지 아니 하리

뼈대만 남는 사랑은 아닌데
풀잎과 몸을 섞어 스친 바람이
하늘 땅 중간에 도배질만 하는가.

사랑을 알고 있는 나이에
사랑도 할 줄 모르는
우리는 연약한 미숙아여라

너와 나의 뒤늦은 사랑
가슴에 담지 않고서는 아 ~
이 가을에 어찌하란 말이냐?

나팔꽃 사랑

그리움 하나쯤 감추지 못해
너는 바람이 되었고
하늘만 바라보던 나는
널 닮은 별빛이 되었다.

비가 오면 그립다 말 못하고
한 송이 나팔꽃이 되어
슬피 울다 잠이 들었다.

수은등 불빛마저 졸고 있는
밤하늘의 *미리 내가
무수히 빛났다가 떨어지는
아~~가냘픈 나팔꽃이여!

*은하수(별 떨기)의 제주도방언

호박꽃 사랑

꽃 아닌 꽃이라고 비웃음 쏟아지고
오동잎처럼 꽃잎 넓다 조롱마저 견뎌도
꽃향기 뿜지 못한 죄
여한조차 없겠어요.

박색薄色을 타박한들 생김부터 그런 것을
풍성한 꽃가루에 한번 준 정 어쩌려고
애호박 달고 핀 화신
생색내지 않을래요.

참사랑 넝쿨처럼 한없이 뻗어나서
고운임 손짓하며 삼간 지붕 걸터앉아
보는 사람 부러움 사서
둥글게 살찔래요.

그리운 얼굴

녹음 짙어가는
잿빛 하늘가에
그대 그림자가 보입니다.

멀리 있어 닿지 않고
높이 있어 닿지 않는
그곳에
그대 얼굴이 보입니다.

베이지 빛 커튼을 활짝 열어
주홍빛 석양이 수놓아 질 때면
그대 모습이 비춰 집니다.

그리움으로 채색된
텅 빈 공간에서
그대 얼굴을 그려봅니다.

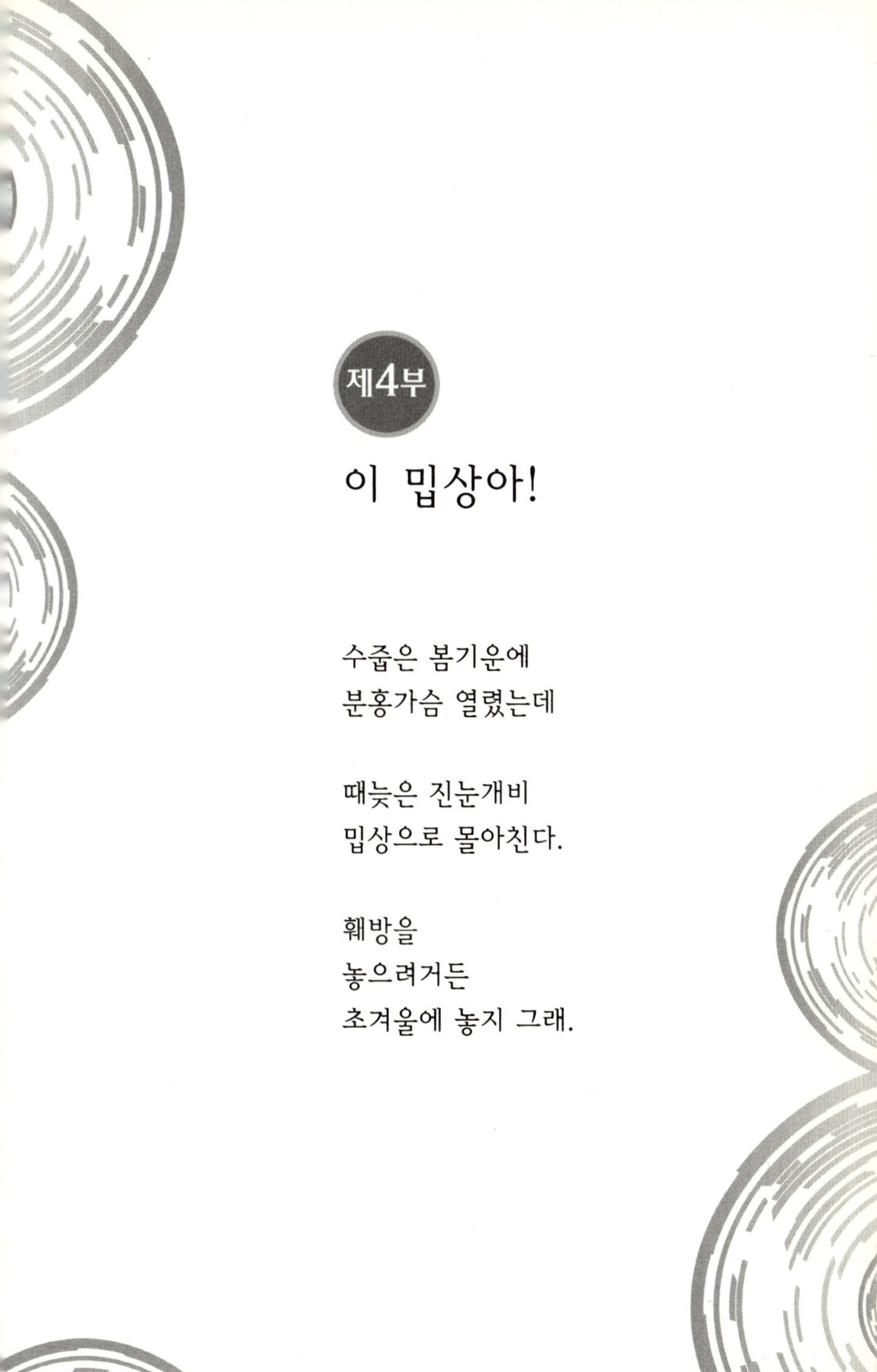

제4부

이 밉상아!

수줍은 봄기운에
분홍가슴 열렸는데

때늦은 진눈개비
밉상으로 몰아친다.

훼방을
놓으려거든
초겨울에 놓지 그래.

촛불 (2)

끄름을 피어가며
내장을 태우는 건

암흑을
걷어내는 마지막 몸짓인가

미세한 바람결에도
왜 흔들려 불꽃 추나.

서러워 하얀 눈물
흘림이 아닌데도

그 눈물
흘려서야 낮은 세상 밝혀주니

제 몸을 사루는 보시
어디촛불 뿐이더냐.

비 상

춤사위 휘몰이에
조여든 긴장의 끈

강약의 너울타고
묘미 한 톨 티는 품새

깊이를
더한 채움이
살아서 꿈틀 댄다.

며칠 전 둥지 떠나
생사가 아련해도

오늘은 가무라 쳐
외톨이로 돌아온 길

옛 기억
더듬던 철새
깃털하나 뽑고 간다.

불멸의 음계

명곡은 명화처럼 스캔들과 맞물린다.
트럼펫 3악장이 취감 안을 더듬다가
LP판 맴돌 때마다 음파가 충격한다.

궁정의 수레바퀴 수리업 베고 꿈꾼
고달픈 군상들을 다독이는 안식 예찬
교향곡 D장조 음계, 하이든이*부활한다.

현악기 4중주곡 질풍노도 음율 따라
고전적 표제음표 가슴속성 세레나데
유작의 황제악보가 불멸로 점등한다.

*Franz Joseph Haydn(1732-1809)오스트리아의 작곡가.

잠언 수행

진달래 피는 꽃술 부러워 하지마라
흠모한 정이 들다 시들어 꽃잎지면
못 전한 조음의 정담
왕벌 되어 날아갈라.

시간이 주는 공덕 어렴풋이 깨달을 때
용열한 자화상이 청춘 덫에 걸려들어
염원을 더한 봄날에
자주고름 풀어질라.

아침 햇살

간밤에 기댄 몸살
남몰래 알아 눕고

하 얕게 몸을 얼려
보석처럼 꿈꾸다가

햇살에
녹는 이치를
이슬로 터득했다.

매화

설한풍 모진 숨결
혹한에 솜털 돋고

가지에 달빛 걸어
헌 옷자락 여미다가

서리도
엉키지 않아
붉은 꽃술 달고 있다.

뚝배기 담긴 햇살
야금야금 마시고서

봄 취기 감당 못해
얼굴 붉어 비틀대다

토하듯
목 움켜쥐고
봄기운이 원죄란다.

아침을 연다.

달 누리
이지러진
새벽허리 얹혀 놓고

여명을 깎아지른
붉은 태양 안고서서

똬리를
풀어 재끼며
동면에서 깨어본다.

문학이 흐르는 여울목

여울목 물살 틈에
시어詩魚가 뛰어 논다

서정을 낚아 올려
내재율로 꿰어 차면

입가에
싯귀 한 소절
비늘처럼 퍼덕인다.

정갈한 어탕 한술
문향文香에 입맛 돋고

문사들 취한 광휘
시심마저 허기지면

문학이
흐른 여울목
잔치축제 벌어진다.

*시조사랑 시인협회 문학상

겨울아침

기왓장 처마 밑에
둥지 튼 참새 떼들

먼동을 쪼아대다
날개 털며 조잘대고

사랑채
기침 소리에
겨울아침 열고 있다.

뒷마당 쓸자마자
우르르 날아들어

부리에 모이 한 알
삼키기가 아까운지

꼬리 깃
촐싹대면서
부지런을 떨고 있다.

한겨울 선창

지그시 눈감으면 뱃전의 파도소리

선창에 비낀 달빛
들뜬 속내 파고들어

하룻밤 뜨내기 타령 아울 길이 멀어라.

부두도 잠을 설친 갈매기 울음소리

해풍에 끌려오는
어머니의 먼먼 젖내

그리움 못내 아물어 기억마저 추워라.

내심의 떨림 짓이 경적을 으깨어서

불청객 발자국을
화인으로 찍는 통증

선창의 으슥한 밤이 동토처럼 얼고 있다.

임우霖雨

구름이 몸을 풀어 쏟아낸 굵은 양수
강폭은 몸을 키워
붉은 토사 꾸겨 넣고
어귀로
토한 흙탕 물
힘겹게 밀친다.

구정물 받아먹는 바다의 정화조가
담대한 작은 발작
쉬엄쉬엄 트림하면
휘 도리
울컥한 물살
거품 물고 눕는다.

상류의 급한 유속 하구로 재촉하여
괴력의 강 물살이
바닷물과 몸을 섞어
수마에
훑은 산사태
흙탕물에 덮난다.

버린 염전 (1)

턱뼈를
꽉 깨물고
얼 만큼 뒤울렸나
천만번 뒤척이다 결정체로 환생한 몸
그 세월
절인 염분이
전설되어 녹는 내상.

염부의 가래질도
그립다던 뭍 밭 유언
어린 땀 한때나마 바다 살 염장하여
내 잊힘
두려움 있어
쩔쩔매던 발버둥을.

뼈다귀 들어내는
문 없는 창고 안에
녹이 쓴 연장들의 감추었던 깊은 몰골
갯바람
홀로 겨누며
쟁여놓은 옛 사연들.

버린 염전 (2)

겹겹이 쌓아오던
질곡의 삶터에서
허물만 남아있는 다시 깨는 조각들이
물둘레
버친 냉기에
수초들만 무성하다.

인간이 만들어서
미련 없이 버린 터전
지탱이 버거워서 잘게 썰린 시절 따라
소멸과
생성의 반추
맥이 놀라 끊어진다.

염부들 오직하나
하이 얀 결정의 꿈
시공을 등에 업고 보채이던 굵은 한숨
생존에
질긴 몸부림
야윈 흉터 못 지운다.

이 밉상아!

수줍은 봄기운에
분홍가슴 열렸는데

때늦은 진눈개비
밉상으로 몰아친다.

훼방을
놓으려 거든
초겨울에 놓지 그래.

여의도 벚꽃 질라! (3)

의사당 푸른 돔을 아슬아슬 비껴가다
현기증 토하듯이 한껏 벌린 꽃자루는
상춘이 요분질 치며
윤중로가 들썩인다.

꽃 시샘 안달 나서 맹렬히 북상하는
남도의 꽃소식이 들리기도 바빴던가.
가지 끝 꽃 문 열리니
벌떼들이 야단났다.

본능의 춘곤증에 흰 꽃뱀 꿈틀대듯
아스팔트 신작로에 쏟아지는 벚꽃 잎을
함부로 엿 보지마라!
홍조 띌까 두렵다네.

봄의 곳김

윤기 낀 머리카락 뒤태에 휘날리다
하얀 살 앓는 하루 선바람이 엉켜들면
날개 짓 웅크린 등살 눈이 멀어 해가진다.

촉감이 달라지는 주름 편 간지러움
천리향 생의 늪에 도톰한 곳 비틀리어
조바심 다잡는 적막 고물댐이 얼비친다.

늘어진 잔가지에 나란히 눕던 어둠
내심이 헝클어진 밀어들을 깔고 앉아
하늘을 가리지 못해 펼쳐보는 구름한 점.

봄 비개인 날

비개인 상왕 봉에
무지개 걸린 한낮

몽환의 칠색 빛이
만물상을 채색 할 때

늦추위
손사래 치며
은근 슬쩍 줄행랑.

봄 그리고 봄

꽃 따라
길 열리고
길 따라 향기 풍겨

화필로 짙은 향내
아지랑이 너울진다.

화사한
봄 그리고 봄
화폭 속에 새가 난다.

궂은 밤비

그 누가 피해서 간 스산한 빗길이냐
가로등 홀로선채 처연하게 점멸함은
밤새껏 눈물 훔치며
소리 감겨 내린 밤비.

찢어진 붉은 상처 눈시울 뜨거운데
혓바늘 돋은 타액 내장 속에 들어가면
저 중심 가늠 못해서
밤하늘을 눕힌다.

허무

등불의 기름같이
기화機化로 살을 태워

인연에 태어나서
인연으로 살아가다

인연이
끊어진 후에
남은 것이 무엇이냐?!

시인이 사는 방법

의자를 바싹 당겨 삶의 궤적 깔고 앉아
찐득한 지난생애 생생하게 풀어내어
곰삭은
사유의 속살
반죽해서 치댄다.

백지에 번진 핏발 한 움큼 훔친 끝에
밤잠을 설치면서 또한 궤적 괴어내고
응어리
맺힌 매듭을
손끝으로 풀어본다.

글쟁이 사칭하며 딴 궤도 올라타고
청춘을 설치다가 난도질한 불청객이
긴긴밤
드나들면서
그 새벽을 마주했다.

하늘의 영광 땅의 평화
-성탄절의 기도-

탄생의
경건함이
영광에 성령으로

동정녀 수태고지
신의 불멸 임하셔서

천사의
두루마리는
하늘영광 재림이네.

창생에
죄를 맡아
보혈로 순교하던

피에타 자비의 상
영생으로 부활하여

시련과
고통의 대가
땅에 평화 강림하네.

제5부

생명의 부활

외상을 태우는 건
목마른 애탐이냐

등가죽 쪼개어서
그 틈새 성난 몸살

꽃샘에 지친 낮달이
숨 골라 헐떡이네.

지팡이

물살이 구부리고
지나간 밑바닥에

갑년을 그네 타며
한숨 여문 오한으로

허리에
박힌 세월이
세발 걷는 여생이다.

여생

유채꽃 맺은 순筍이
봄바람 기다리다

그리움 북받쳐서
가슴 시려 저린 한을

성황당
넘기도 전에
손사래로 이별한다.

설한풍 등에 메고
산허리 가로질러

오롯한 초가집에
슬그머니 심을 박고

한평생
부질없는 삶
거둘 날을 찾는다.

상팔자란?

전생에 척을 지다 자식으로 태어났냐?

속 섞임
고스란히
혼신으로 당하면서

빼 박도 못한 혈육에 무자식이 상팔잘세.

애간장
녹이는 짐
부자간 속성이냐

인연의 가르침이
자식 줄을 끊지 못해

한 세월
이 늙음 마저
저당 잡힌 노후일세.

누리 꾼

인터넷 중독성에 사색은 실종되고

창의력
단절하고 세상 온통 질러가니

액정에
마주한 대화
밤낮이 뒤바뀐다.

손끝을 터치하며
몇 곱을 퍼 나르고

화면 속 동영상이 흠살 굳은 화상으로

정서는
쓰레기 되어
맑은 혼을 매몰 한다

문안 전화

정강이 시려 워서
문풍지 발라놓고

따끈한 아랫목에
구들 목을 차지하며

낙상이
하도 두려워
두문불출 하신단다.

전파를 타고 가는
격조한 문안전화

음성이 얼굴처럼
살갑게도 기쁜 느낌

자식 된
도리치고는
왜 이리 빈가 질까?

사미니의 길

세속에
끼어있는
찌든 때 씻으려고

출가 후 염念을 태워
비구니로 홀로서서

생불을
시주하는 뜻
오래두고 찬불 이네.

목숨의 담보

물살 위 띄운 견지
반복의 스침 질은

팽팽히 쪼여들며 짜릿하게 주는 쾌감

손맛에
목숨거두는
그 한판의 망나니 춤.

여울에 미끼 꿰어
물결을 감아 풀고

속임수 외짝 얼레 뿌리치지 못한 유혹

어두魚頭를
걸어 당기는
찰나속의 단두놀이.

어떤 넋두리

덧 살 낀 운명 앞에
살얼음 녹이다가

찌든 삶 구석자리
부스러진 조각으로

뒤꿈치
밟지 못해서
화인만 찍던 푸념.

한 시절 그러하듯
몽상을 꾸어오다

된서리 내리치는
하루 햇빛 마주칠 때

회한은
넋두리 틈새
군담만 파고든다.

삭발 봉행 기

세속에 품은 통한 구정물 잔뜩 먹고
업동이 출가 길에 생의 짐이 무거워도
사미니 *철규 받들어 번뇌를 털어낸다

부르던 찬불가는 소리공양 시주인지
어깨에 평생의 업 제 스스로 얹어놓고
육신이 다 삭기 전에 법랍을 쌓아간다.

포행 길 자유로워 영겁이 청정하고
중생의 찌든 물을 자비심에 녹아내어
세속을 깨트릴 지혜 득도로 감읍한다.

*철 규: 비구니들이 수행 하면서 지켜야하는 규율과 질서

여생을 즐긴다.

현실과 꿈길사이
갖가지 높은 격차

물살이 깎는 대로
바위처럼 살았건만

누추한
생의 징표에
남은 날이 어둡다.

척박한 빈터에다
꽃씨를 심어놓고

필생에 혼을 담아
거두는 듯 가꿈으로

드높은
하늘 중간에
먹물 찍어 휘호한다.

사미니 율장

속세의 원한서린
찌든 물 잔뜩 먹어

어깨에 전생의 짐
제 스스로 울러 메고

육신이
짓 물리도록
틀고 있는 가부좌

부르던 찬불가는
가락의 공양인가

생의 업 덫에 걸려
삭발 출가 도량에서

비구니
율법 받들어
공덕 쌓는 독경소리

무연 봉안 묘

생시에
찬란했던
한 삶을
내려놓고

꺼지는
봉분위에
잡초들만
무성하여

싸늘한
흙더미 속을
굴이掘移하는 하얀 궤적.

노구 타령

목구멍 가래 끓고
늘어난 허리치수

기름 낀 뱃가죽에
심장까지 멋 대로다

겉도는
관절마디에
시야마저 흐리네.

잠자리 일어날 때
박동은 급히 뛰고

양기는 기척 없이
세월안고 어딜 갔나

정수리
머리카락이
듬성듬성 빠지네.

생명의 부활

어느 날 어느 땅에 뿌렸던 씨앗이냐
설한풍 스며드는 한기마저 돌려세워
그 모진 세류를 갈라 눈감는 숨결이네.

품은 별 저 하늘에 감추던 눈길이냐
다부진 생명하나 끊어내기 야멸차서
뿌리도 뻗지 못하는 한 시절 떨고 있네.

외상을 태우는 건 목마른 애탐이냐
등가죽 쪼개어서 그 틈새 성난 몸살
꽃샘에 지친 낮달이 숨 골라 헐떡이네.

삼림욕장에서

조붓한 입산 길에
새소리 동행하고

적송이 창연蒼然하여
안겨주는 싱그러움

다람쥐
바위틈에서
불청객을 반긴다.

여백을 안고 있는
암자의 오르막길

연두 빛 손사래에
솔바람이 앞서가고

에둘러
길을 튼 숲도
안창살을 들춘다.

권태기

미운 정
고운 정을
반평생 버물리다

등 돌려
돌아눕는
중년부부 뒤안길에

어쩌다
갈등이 깊어
붉은 벽돌 쌓고 있나.

망향

청춘의 꿈 한 조각
어금니를 꽉 깨물고

아련한 향수 불러
남녘하늘 바라볼 때

외로움
회돌이처서
눈물 훌쩍 삼킨다.

약사제일藥師齊日

-부처님 오신 날에-

소원지所願紙
매단 연등
촛불로 불 밝히고

합장의 추스름에
번뇌모아 소이燒夷하여

불심을
가득히 채워
봉축으로 성불한다.

*약사제일은 매달 음력8일로 부처님께서 마음의 병을 고쳐주는 날

대가 치르다.

지쳐서 쓸어 지는 계곡의 앓는 소리

허락도 받지 않고
무례하게 입산한 죄

낙엽에 미끄러져서 발목이 삐끗했다.

상쾌한 산소호흡 가슴 펴 몰아쉬고

숲 그늘 자리 깔아
잠시누어 하늘보다

산 개미 물고 늘어져 허벅지가 따끔했다.

동창생

조만간 만나자는
애매한 전화 한통

가늠할 굳은 다짐
그 약속이 유효한데

한가한
바쁜 핑계를
건성으로
통화한다.

사릉思陵 부루스

오백년 갖은 사연 단숨에 끌어 모아
한 맺힌 궁중 여인 할미꽃의 환생인지
자주색 봉우리마저 피기 전에 늙었다.

숙연한 마음가짐 능침 길 올라보니
박석에 낀 이끼는 옛 사록을 갉아먹고
구슬픈 흐느낌이 그 세월을 토한다.

숨은 듯 숲속에서 애절함을 새기고서
동망봉 올라서서 머리 풀고 빌었는지
오늘이 시대를 이어 구천에서 전한다.

어버이 날

물가는 천정부지
인상률 못 미쳐도

새끼들 용돈 봉투
은근 슬쩍 찔러주는

해마다
어린애처럼
기다리는
어버이 날.

아! 사부님

낭창한 회초리로
참사랑 쓰다듬던

마음속 사부님은
살아계신 기둥이고

내벽을
지탱해주는
튼튼한 대들보다.

아득한 세월 틈에
죽비소리 들려오면

영혼의 그림자는
지워지지 않은 혼 불

인생의
내 머리위에
상량으로 얹히었다.

제6부

방파제

비린내 북풍안고
뒤채는 제방 곁에

노도는
담을 쌓아
궂은 날씨 재고 있어

질척인
먹구름 떼가
바다 위를 훑고 있다.

이상한 판

달변은 거침없이 유창한 궤변으로

교묘히 연막 쳐서
훼손되는 민주주의

선동을
치장한 허위
막말 섞은 언변 독재.

토론의 진짜가짜 구별은 백성의 몫

굉음을 울리면서
운동권의 질주본능

왜곡된
혁명 논리에
재단되는 논점 일탈.

방파제

밀려온 물 더미로 하부를 태질하며
가쁜 숨
잘게 썰어
물거품을 짜 집고서
고독이
조난당하여
파도 세워 수장한다.

비린내 북풍안고 뒤채는 제방 곁에
노도는
담을 쌓아
궂은 날씨 재고 있어
질척인
먹구름 떼가
바다 위를 훑고 있다.

포말의 알갱이에 혹한이 똬리 틀고
수평선
그 너머로
질주하여 철석이면

따개비
독한 사랑도
선잠에 눈을 뜬다.

시조집 감상기

민중의 밑바닥을
파고든 가락인 듯
마음 안 낮은 곳에
느낌으로 떨리다가
영혼의
상처투성이
감싸주는 잠언이다.

감성과 언어 사이
기 싸움 심리전에
언술의 녹진함이
목마름을 씻어 올려
서정적
외침의 소리
전율로 치받힌다.

소망

가을 색
짙었으니
창공은 높아 뵈고

대각선 기러기 떼
하늘 그어 나르는데

부단한
그 날개 짓은
무슨 꿈에 퍼덕일까

평택 항에서

평택 호 부표위에
갈매기 한 쌍 앉아

오리배 쌍쌍에게
금실지락琴瑟之樂가르친다.

느낌은
순간의 쾌락
사랑과는 다른 거여

화창한 봄빛모아
물결에 뿌리고서

취기로 젖은 흥분
추억한번 짜 집으며

문우여!
또 만날 날을
새끼손을 거는 거여.

인내심

마음속
참을 인자
서너 개 새겨놓고

가슴에 박힌 대못
뽑는 법을
궁리한다.

뽑은 곳
덧 나기 전에
치유를 다그친다.

승강기 안의 낙서

아파트 승강장에
휘갈긴 낙서 한줄

“명희야 사랑 한다.”
“라고” 쓸 줄 알았지 롱

착각은 자유라더니
좋아하긴 용용이다.

“1호기 실례한놈
가위로 싹둑잘라”

붉은색 매직으로
경고성 낙서한줄

양심이 유배 안치된
공중도덕 실종이다.

정글의 법칙

강한 자 용서하고
약한 자 용서받고

생명은 약육강식
법칙대로 사는 세계

이질서
우주공간에
벗어날 수 없는 섭리.

쟁취

밤벌레 잔치 벌린
수액의 옹달샘에

육중한 사슴벌레
느닷없이 달려든다.

숲속은
정글의 법칙
전리품은 강자의 몫

빈 둥지

포근히
깃을 품다
무심코 들쳐보니

앞가림 하자마자
시간 물고 떠난 안태安胎

몸을 푼
어미둥지는
때만 낀 삭은 발톱.

찬 모

부끄럼 둔해져서
궁상을 떨고 있나
애당초 무딘 체면 심드렁도 뒷전이라
아줌마
못 말릴 넋 살
웃음 끝에 눈물 찔끔.

초면이 대수던가
재차 보면 구면인데
살갑게 굴다보니 다가오는 정도 생겨
내외한
새침때기가
오히려 어색하지.

노래방에서

상식을 헹궈내고
세상을 공감하며

희미한 흥분으로
마이크를 움켜쥐면

청춘을
회귀하려는
안간힘의 몸짓이다.

과분한 분위기에
절제를 무시하고

오늘을 휘두르는
체면치레 여과하여

무연憮然한
여흥을 풀어
찌든 일상 토해낸다.

K T X

자갈치
어물 시장
코에 밴 비린 냄새

질펀한 *아지매들
손사래도 뒤로하고

철로에 추억을 깔고
떠나왔던 부산역.

*아주머니의 방언

굴렁쇠

되밀어 굴러가는
세상은 둥근 바퀴

하늘땅 간격만큼
허공 향해 뒹군 몸짓

인간사
굴린 터전이
개똥밭이 아니어라!

과수원에서

바람이
버거워서
지탱하다 떨어지는

마지막 절명 앞에
흐느끼는
낙과처럼

거두는
환속의 굴레
뼈 속 깊이
새긴다.

첫사랑

심장이 콩닥거려 마주치지 못한 눈길
소박한 정원에서 싹트는 몸짓인데
풋사랑 눈뜬 꽃망울
언제쯤 활짝 필까.

별빛이 쏟아지면 겨울밤도 봄밤 같아
모든 것 다주어도 모자랐던 가슴앓이
먼 훗날 회억의 창에
어슴푸레 걸린 반달.

야생화

때 되어 피는 꽃대
부러워 하지마라.

손 타면 꺾일까봐
조바심에 밤을 샌들

어차피
해 떨어지면
솟는 달에 꽃잎 질걸.

嘉軒 堂에게

가헌嘉軒의 당우堂宇 뜰에 봄빛이 내려앉아
연두 빛 순筍을 틔운 장대한 초지 에서
잡풀을 다 뽑아버린 시화전 이 법석이라.

헌연軒然한 시상 걸러 파종한 사색 들이
농담만 쪼아대던 잡새雜鳥시절 다보내고
백학 의 장쾌한 깃털 창공에 활짝 펴라.

당호堂號가 가헌嘉軒이라 대가의 꿈이 서려
문단 의 무주공처無主空處 야생초만 무성하니
설대 밭 한가운데서 왕대죽순 돋아라.

중대물빛 공원

담수에
바람일어
수면이 흔들리면

낙조의 역광으로
산 너울이 얼비치고

곡우穀雨전
저녁 나절에
어울리는 운치로다.

사진첩

시간을 끌어당겨 고정된 과거들이
찰나의 목격차로 그 시절을 품고 있어
영상이 박힌 피사체 새록새록 생각난다.

확 트인 창문너머 해맑게 웃던 얼굴
세월을 뒤돌려서 오늘처럼 들쳐보며
덧없던 그때 그 순간 거짓 없는 기록이다.

자연의 아름다움 매료된 욕망하며
생명의 유한함이 사진 속에 담겨있어
고귀한 나만의 추억 옛날이 숨어있다.

착시현상

담장 밑 잡풀 틈새
숨겨진 울새 알을

잿빛의 얼룩무늬
완두인줄 심었더니

보름이
훌쩍 지나도
싹틔울 줄 모른다.

때로는 진실 같은
착시도 있겠지만

자연이 두려워서
경이로운 대상인지

울새 알
매장한 죄를
변명하며 사죄한다.

작품 해설

발흥의 세심한 필치로 핵심을 찌른 서정적 미학

이성미 시인의 시세계

송귀영(한맥 문학가협회장/시조시인)

1. 시는 숨은 존재들을 들추어내는 언어 예술이기 때문에 현존을 통하여 발견되는 탁월한 이성과 상상력이 풍부한 존재감을 표출해내야 한다. 시상의 본질적 존재를 흡입하여 타자 혹은 화자들 간의 관계에서 비집고 나오는 욕망의 분출이 대체되어 시적관념의 진원부터 시간적 틈을 관조하고 삶에 대한 자신과의 세밀한 조율로 규정을 지워야 한다.

대부분 시인들은 자신들의 굴곡지고 곡진한 삶이나 주워진 자연과 한 덩어리가 되어 촉발한 경험적 반성과 성찰을 모티브로 하는 것이다.

이성미 시인역시 자연과 더불어 호흡하고 자연의 품

속에 기대어 동반하면서 생성되는 사안들을 몸소 체험하여 그 내면을 노래하고 있다.

그래서 자연이 어떤 형상으로 시인 앞에 나타나는지 확연함을 부분적으로 나마 알아내고 이 과정에서 투시되는 정황들을 우리 삶에 대입시켜 대응책을 강구하고자 하는 노력이 감지되고 있다.

그의 시가 대부분 직유법에 치중하고 있긴 하나 작품의 면면을 살펴보면 기호로 구현된 이미지와 자아를 동일직유 하여 자신의 이상세계와 현실세계에서 벌어지는 틈서리의 생태를 보여주고자 애쓴 흔적은 시인만의 독창성이라 할 수 있겠다.

자연의 엄연한 진리를 인생과 버무려 존재물을 잉태시키려면 진리에 근접한 인자들을 정밀하게 관찰하여 표현하는 것이 우리 시인들의 의무이자 몫인 점을 이 시인은 잘 알고 있는 듯하다.

지성과 감성이 교차하는 노정에서 균형을 갖춘 다는 것은 시적 표현에 중요한 요소가 된다.

그러므로 이성미 시인에게 있어 욕망의 대상을 찾아나서는 이상세계를 추구하다가 꿈과 현실이 닿지 못한 허무의식을 통해 욕망의 한계를 보일수도 있음이다.

자연의 진실과 복잡성은 항상 중요한 예술의 궁극적 기초라고 주장한 P. 에른스트의 일갈을 수긍하게 하는 대목이다.

우리는 시인이 갖추고 있는 자세에 따라 문학의 틀이

짜여 지고 이러한 담보만이 시문학의 한축을 유지하려는 것은 시인의 의무이자 넘어야 할 과업일 것이다.

영봉이
겹겹이 쌓인
준령을 거느리고

운해의 강 건너
바다로 달린다.

야생화 군락지에
아침 안개가
중턱을 감았고

영혼을 어지럽힌
산등성이에
매무새가 아련하다

망원望遠에 눈 비벼도
실감이 실종된
이 장관!

객정에
잠시 머물러서
잡목으로 서고 싶어라.

–정상에 서서– 전문

회화가 선과 색의 조화라고 본다면 가령 시에 있어서 언어가 매체이고 언어로 구상하고 채색하면서 시적 조화를 창출하는 언어구도에 형성이 이루어 져야 한다는 것이 사고의 타당한 근접성이라 하겠다.

관념시에 있어서 정서의 전달을 중시하고 관념과 정서를 사물로 바꿔서 보여주는 시법 〈김송배 시인의 창작교실 참조〉에 무게를 두고 감동을 눈으로 보도록 표현하는 것이 이미지 시학이라 규정하는 것이다.

시인은 체험을 통해서 가장 결정적인 시상으로 연결시키고자 대부분 시각과 청각에 의존하는 이유가 여기에 있다.

작품 "정상에 서서"에서 기(1, 2절), 승(3, 4절) 전(5절)까지는 무난하게 발전시키고 있는데 반해 결에 이르러 더 진한 색칠로 직조 되었다면 하는 아쉬움이 있음은 평자의 무리한 주관적 훈수일까 이다.

즉 결구에서 "객정에/ 잠시 머물러서/ 잡목으로 서고 싶어라"는 색채(시적 표현)가 앞 연의 "망원에 눈비벼도/ 실감이 실종된/ 이 장관!"에 비해 보다 더 강열한 도색이 요구되고 있다하겠다.

시인은 아침 햇살을 받으며 설악에서 동해를 바라보고 산과 바다에 안겨 환상의 나래를 활짝 편다.

겹겹이 싸인 태백산맥의 준령을 따라 계곡마다 중턱까지 감싼 연록의 절정에 대책 없이 도취 하면서 자연에 대한 감사함을 잊지 않는다.

영봉아래 계곡을 따라 아침 안개가 자욱이 깔리고

산의 밑줄기가 동해로 내달리는 감당 못할 절경이 펼쳐진다.

가까움보다 먼 곳을 바라보면서 시인의 서정에는 온통 출렁대는 동해바다와 기암괴석의 장관을 환치시켜 표출해 냄으로써 우리들의 감성을 긁어내고 있는 것이다.

화자는 지천에 군락을 이룬 이름 모를 야생화를 품은 자연의 실감을 혼자 스쳐보기가 아까워 잡목이 되어서라도 오래 두고두고 보고 싶어 하는 간절함에 핵심을 찌르고 있다.

아스라하게 들려오는
금속성
실로폰의 소리처럼
대롱대롱 걸려 있는 지평선

누군가 내다 버린
단어들을 줍고

누군가가 찢어발긴
시간을 쓸어 담아
아름답게 덧칠해 본다.

—시인詩人— 부문

이성미 시인은 창작과정에 재치 있고 순발력이 풍부한 시인이다.

자신의 폐활량에 맞게 달리면서 희망을 갉아먹는 인

간성 문제의 숲을 헤쳐 나가 문제점을 조곤조곤 짚으며 창작을 구사하는 매력을 최대한 끌어 올리는 시인이다.

예사로운 감각도 놓치지 않는 시인 특유의 촉각이 "시인" 이란 작품을 직조 해내고 있다.

아무도 감지하지 못한 그 누군가가 내다버리고 찢어발긴 단어를 주워 다듬어서 시어로 포장하여 "오늘도 한편의 –시처럼 살자–' " 라며 권유하는 아름다운 한 편의 시를 탄생시키고 있다.

바람에 실려
날아온 홀씨 하나

내 마음 허락도 없이
하얀 그리움 자아내고

시간이 비켜간
인연의 비탈에
소담스레 자라나

맞이할 준비도
떠나는 연습도
미처 하지 못했는데

형체 없이 다가온
하얀 그리움
핑크빛으로 피어난다.

–홀씨 하나– 전문

산모롱이 오솔길에
호젓이 피어나
아침마다 날 반겨주던 이름 모를 꽃

간밤에 불던 돌개바람
쏟아지던 소낙비에
반쯤 몸을 흙속에 뉘고
가쁜 한숨 몰아쉬고 있구나.

너의 비명소리에
나도 잠 못 들고
오한과 신열에 시달렸단다.

몸이 아프니 밀려드는
가슴 아픈 서러움
한토에 날 밤샌 너만이야 하랴만

부서지는 햇살에
다시 천진난만한 얼굴로 돌아와
반갑게 날 맞아주는 너

가슴 울리는 연둣빛 사랑
세찬 비바람을 견딘 인내
오롯이 나에게 가르쳐준 스승이다.

–들꽃– 전문

산, 바다, 강, 그리고 꽃을 안은 자연은 시인들 삶의 궤적이며 설렘의 느낌이고 아득한 눈빛이며 차고 넘치는 서러움인 동시에 밖으로 차고 넘치는 감동의 본

산이다.

그 누구의 소유도 아닌 거대한 자연을 순간적 자신의 소유로 만들어 세심한 움직임까지 감동으로 느끼고 있다.

사유의 진솔함과 관조의 여유로움을 경건한 마음속에 저장하여 두고두고 떨칠 수없는 유혹에 이끌려간다.

허락도 없이 바람에 실려와 형체 없이 사라진 그러한 그리움은 욕망이며 해탈이며 세속이고 잡히지 않는 소유로 현실이 버린 존재이다.

이러한 그리움과 욕망은 "삶의 여정" 이나 "동행"등의 작품에서도 구체적인 사유로 감지되고 있음이다.

2. 이성미 시인은 마음이 머물고 싶은 곳에 머물면 일상은 사랑스러운 날이 되고 밸어두었던 추억들도 살며시 찾아온다고 했다.

화창한 봄날 창문을 활짝 열면 어디선가 강열한 향기가 풍기고 파릇한 입새는 나뭇가지 마다 물오르는 소리가 들린다.

대지의 수물 댐은 시인의 가슴을 어느새 꽃밭으로 치장하여 어깨까지 소박한 미소를 얹기도 한다.

그래서 문인은 문자로 세상을 그리고 화가는 화필로 세상을 덧칠한다.

파란 숲이 햇살의 옷을 입은 자연에 묻혀 걷다보면

동화 속 판타지에 매료되는 숙취로 비틀 거린다.

언제나 사물을 관찰하면서 생각을 달리해야 시가 보일 것이고 시적 대상의 접근 방법과 표현술의 효율성에 비중이 결정된다 해도 과언이 아니라는 의미이다.

평풍처럼 둘러 처진 능선에도
봄의 기운으로 나뭇가지 마다
새순들의 움트는 굼틀거림
봄 햇살에 연록 빛 반짝인다.

부끄러운 진달래 수줍어 성시이고
산 벚꽃 그 자태를 뽐내는 한나절
지난해 말라 뒹굴던 낙엽도 바스락
몸싸움에 신음을 토해 내고 있다.

–산 능선의 봄– 부문

시인은 결 고운 봄바람이 불던 어느 화사한 봄날 산 능선에서 자연을 바라보며 환상의 나래를 편다.

산모퉁이를 지나 계곡마다 연록의 절정에 도취 하면서 자연에 대한 감사함을 잊지 않는다.

지난겨울 말라 떨어진 낙엽들이 바람에 뒹굴어 부딪치며 바삭거리는 조용한 움직임도 놓치지 않는다.

순환하는 계절 따라 겨울지난 봄이 와서 새싹들의 움트는 소리하며 서서히 햇살을 받아 연록 색으로 치장하는 산야가 시인의 눈을 통해 우리 앞에 펼쳐지고 있다.

나의 일상이 사랑스러운 날
영혼의 선율이 파도로 넘실거리고
저 멀리 던져둔 추억이
나의 곁으로 살며시 다가온다.

아스라이 떠오르는 산골마을
아카시아 찔레꽃 향기 불어오던 오월
구슬프게 울어대던 소쩍새는
저물어가는 산 어귀를 풍요롭게 한다.

마음 밭에 뿌려둔
고향의 향기가 매 말라가는
중년의 삶에 그림자로 맴돌고 있다.

–마음이 머문 곳에– 부문

시인은 표면적으로 자신의 생활에 만족하고 일상이 사랑스럽다고 했지만 항상 그러한 감정이 아니라는 것을 암시한다.

유년시절 한가한 산골 마을과 산 어귀 아래로 이어진 시골길은 고향의 옛 향수가 중년이 넘은 지금에도 문득문득 추억으로 뒤 새김질을 한다.

대체로 시인은 일상을 사랑하고 만족하면서 외로움과 고독을 동반하는 표현적 분출로 스스로를 대피 시키려는 이중성을 보이고 있다.

시인은 해맑고 언제나 긍정적인 소유자이며 자신 앞

에 맞닥트리는 모든 상황들을 타협과 순응해서 긍정적으로 피사 시키려 노력한다.

아울러 삶을 밝게 실사한 예술의 전당을 짓기 위해서 싸늘한 시간의 대리석을 쪼는 자세를 보인 자연 친화적 시인이다.

그래서 이성미 시인은 사랑을 노래하면서 즐거움도 시가 되고 고독도 시가 되며 외로움도 반겨 맞아 시로 승화시키고 있는 것이다.

목적 없는 기차를 타고
파도가 밀려오는 해변을 거닐고 싶다.

어우러지는 하늘과 바다
끊임없이 부딪치며 철석 이는
파도와 갈매기의 아우성

머리카락 휘날리며 불어오는
해풍의 짠 비릿 내
코끝을 간질인다.

바람개비처럼 정신없이 세상을 돌리고
허공에 맴도는 유랑아로
앞 다투어 살아가는 구름떼는 되지 말자
추억의 그날을 쓰다듬으면서...

-바람개비- 전문

시작에 있어 은유법은 대체로 난해하지만 직유법은

쉽게 이해되고 깔끔한 맛을 풍기는 것이 특징인데 양자는 각기 다른 장점과 단점을 내포 한다.

이작품은 평범하면서 담백하며 맑고 정갈함이 시적 완성에 접근함으로써 작품의 성취도를 어느 정도 높이고 있다.

사유가 축적된 시간과 공간적 잠재의식은 기억에 대한 새로운 인식을 높일 뿐만 아니라 욕망과 기대와 체념이 시인 자신으로 하여금 살아가는 현장이기에 감수하는 것이 아닐까.

비단 유랑아가 될지언정 세상을 살면서 각박하게 앞다투지 말고 먹구름처럼 사납게 떠밀리는 삶이 되지 말자라는 다짐의 메시지를 우리들에게 던져주고 있다.

3. 이성미 시인의 사랑 법은 속으로 감치고 사모하는 마음을 유창하게 품어서 노래하는 정숙한 열정의 정신적 욕구에 빌미를 꼬집는다.

사랑하는 이의 영혼을 훔치고 인간은 왜 욕망과 사랑을 위해 갈등 하고 고민하며 괴로워하는가에 대한 해답을 조금씩 껍질을 벗겨가며 심리적 혜안을 일으키고 있다.

시인의 마음속에 숨겨놓은 사랑의 감정을 서정으로 토해내는 실체를 우리가 느낄 수 있음은 그의 시를 통해서다.

얽매이지 않은 사랑의 몸짓은 기다리는 사랑이 아니라 찾아 헤매며 갈구하는 사랑을 원하고 있는 것이다.

사랑의 본질에 따라 인간과 인간사이의 관계를 뛰어넘어 심리적인 의식의 차원을 노래하고 있는 것이다.

잊고 잊히는
사람들의 틈에 끼어서도
조금도 외롭지 않은 것은
당신을 사랑하고 있음이다.

만나고 헤어지는
사람들의 틈에 끼어서도
조금도 서럽지 않은 것은
당신을 만날 수 있음이다.

떠나고 돌아오는
사람들의 틈에 끼어서도
조금도 허무하지 않은 것은
당신에게 머무를 수 있음이다.

울고 울리는
사람들의 틈에 끼어서도
조금도 아프지 않은 것은
웃음을 줄 수 있는 당신이 있음이다.

-당신이 있어 외롭지 않다- 전문

세월의 풍파를 딛고서서 끈질기게 살아가려면 건강한 사랑의 힘과 생명력으로 왜소해 지지 않으려는 화자 자신을 발견한다.

자조하면 할수록 애절한 사랑을 형상화하는 시상으로 조이고 있다.

사랑을 하는 동안 외롭지도, 서럽지도, 마음의 아픔도, 치료되는 믿음의 굳은 사랑을 하고 있는 것이다.

보이지 않는 심리적 갈등과 사랑의 욕구에 대한 묵시적 힘이 진지한 메시지를 동원시켜서 묘한 감수성을 슬며시 얹어 호소하고 있다.

눈가에 티 없는 미소 때문에
남겨준 행복 감추고

한 조각
소중한 꿈 얹어
엷은 햇살 줍습니다.

그대 손짓
닿을 것만 같아
남은 시간을 붙들고서

창백한 민얼굴
견딜 수 있습니다.

–함께 있는 소중함– 부문

이성미 시인의 사랑은 추상적이거나 순간적이며 낭만적이고 값싼 싸구려의 가벼운 사랑법이 아니다.

시공을 뛰어넘는 시간차 사랑의 잠재의식을 완강하게 거부한다.

시대의 아픔이나 슬픔으로 기억되어 오늘을 살아가는 과정에서 시적 메타포의 과감 없는 섬세한 필치로 정곡을 찌르고 있다.

창백한 민얼굴도 소중한 꿈이 있고 손 내밀면 서로 맞잡을 수 있는 사랑이 있어 이 순간이 소중한 것이다.

목련처럼 하얀 그리움
보고 싶고 또 보고 싶은
사랑이란 알갱이의 함수
낙화落花되어 이별이라 짓습니다.

화려한 조명 흔들어 소리치며
절망했던 사랑

돌아서 후회 하고 아쉬워하는
그리운 게 사랑이었습니다.

추억 속에 그리운 얼굴
홀로 앉아 새록새록 살아온
지난날의 아픔을
진한 커피 향기로 마주합니다.

언제쯤이면 오랜 연화처럼
지워버릴 수 있을는지
감출수록 그리움의 사랑

사랑은 덧셈도 뺄셈도 아닌

수학 공식의 허수였나 봅니다.

-사랑은 허수였나요- 전문

처음 사랑을 느낄 때 또는 연민이 생길 때 이에 적절한 감정의 표현은 상대에 따라 다를 것이다.

눈부신 빛의 파동 같은 것, 석양에 물빛처럼 찬란한 감정을 꼬집어 어떻게 표현할 것인가.

잠시라도 멀리하면 애잔함이 묻어나고 신성한 감정은 붙잡히지 않아 사랑에 대한 해답을 찾기가 어려운 우리들에게 그저 사랑하고 싶은 충동을 일으키고 있다. 낙화 같은 이별이 있을 지라도 사랑했던 사연들을 생각할 수 있는 추억으로 남는다면 만족하다며 사랑은 수학 공식처럼 불변의 실수가 아님을 강조하고 있다.

하늘을 보면
눈물이 난다.

널 보면 더욱
눈물이 난다.

우린 눈물 속에 피어난
패랭이꽃일까 안개꽃일까

비가 오는 날은
눈물이 난다

우리 사랑이 빗물에

얼룩이 질까 봐

– 우리 사랑은 – 부문

이성미 시인은 사랑이 시들고 자신으로 부터 떠나간다 하드라도 질곡을 파 헤쳐 나갈 수 있다는 마음의 여백을 남겨두고 어울러서 새로운 외면의 시적 감성에 무게와 깊이를 사전에 재고 있다.

사랑의 결속 관계에서 시인들에게 시적 소재로써의 주역이 되기도 한다.

자연의 품에서 생활 이면에 묻어있는 평범한 사안들도 현실을 파악해 투시하고 존재적 성찰을 알뜰하게 빚어서 입맛을 당기게 하는 작품들을 수록함으로써 이성미 시인의 중량감에 추를 하나 더 얹어놓고 있다.

시집 "마음이 머무는 곳에"의 상제에 아낌없이 축하를 드린다.